Portraits de Femmes Extraordinaires

Des Parcours Inspirants à Travers les Âges et les Continents

Lily Rose Dubois

Table des matières :

Introduction

Au fil des siècles et à travers les continents, des femmes extraordinaires ont façonné l'histoire de notre monde de leurs actions, de leurs idées et de leur détermination. Leurs parcours de vie sont un témoignage vibrant de courage, d'innovation, de résilience et de la volonté inébranlable de briser les barrières, d'inspirer le changement et de tracer leur propre chemin.

Ces femmes exceptionnelles, que nous vous présentons dans les pages qui suivent, ont transcendé les frontières imposées par leur époque, leur culture et leur genre. Elles sont des icônes de l'émancipation féminine, des pionnières dans des domaines variés, des exploratrices courageuses et des figures de proue dans la lutte pour l'égalité et la justice.

Ce livre, "Portraits de Femmes Extraordinaires : Des Parcours Inspirants à Travers les Âges et les Continents", est un hommage à ces héroïnes méconnues, à leurs réalisations remarquables et à leur impact durable. C'est un voyage à travers le temps et l'espace pour découvrir les histoires captivantes de dix femmes inspirantes, chacune d'elles offrant une leçon précieuse sur la force de la détermination et la puissance de la résilience.

Notre intention est de présenter ces femmes non seulement comme des modèles, mais aussi comme des sources d'inspiration pour les générations actuelles et futures. Nous voulons rappeler aux femmes et aux jeunes filles du monde entier que peu importe d'où vous venez, votre genre ou les obstacles auxquels vous faites face, vous avez le pouvoir de façonner votre propre destinée.

Nous vous invitons à suivre ces héroïnes dans leurs voyages extraordinaires, à découvrir comment elles ont surmonté les défis et à puiser dans leur force pour poursuivre vos propres rêves. Que ce livre serve de phare, éclairant le chemin vers un avenir où chaque femme et chaque jeune fille peut se sentir libre d'explorer, de créer, de diriger et d'inspirer.

Ces portraits de femmes extraordinaires sont dédiés à toutes celles qui aspirent à la grandeur, qui osent rêver en grand et qui croient en la puissance de l'inspiration pour changer le monde. Vous êtes les prochaines héroïnes de cette grande aventure. Embarquez avec nous pour un voyage à travers les époques et les continents, et découvrez l'incroyable diversité de forces et de talents qui font briller les femmes de ce monde.

Ching Shih : La Dame des Mers - De l'Esclavage à la Puissance Pirate

Ching Shih, dont le nom signifie littéralement "La veuve de Ching," est l'une des figures les plus fascinantes de l'histoire des pirates. Elle est née en Chine en 1775 et est devenue l'une des femmes les plus puissantes et redoutées de son temps. Son parcours hors du commun l'a conduite à commander l'une des flottes de pirates les plus formidables et efficaces de l'histoire maritime.

Ching Shih est née dans une famille modeste en Chine et sa vie a pris un tournant radical lorsqu'elle a été enlevée par des pirates à l'âge de 26 ans. Ces pirates étaient dirigés par Cheng I, un redoutable capitaine pirate. Ching Shih a épousé Cheng I, devenant ainsi sa femme. Ensemble, ils ont formé une alliance puissante et ont rapidement étendu leur influence sur la mer de Chine méridionale.

Après la mort de Cheng I en 1807, Ching Shih a pris le commandement de la flotte pirate, qui comptait des centaines de navires et des milliers de pirates. Elle a établi un code de conduite strict au sein de sa flotte, imposant des règles strictes contre le vol, la désobéissance et la brutalité envers les prisonniers. Le non-respect de ces règles était sévèrement puni, parfois même par la mort.

Sous le leadership de Ching Shih, la flotte pirate est devenue une force à craindre dans la région. Elle a mené des raids audacieux sur les navires marchands, les villes côtières et les garnisons navales. Sa flotte était si redoutable que les gouvernements chinois et britannique ont tenté en vain de la neutraliser.

Finalement, en 1810, Ching Shih a décidé de mettre fin à sa carrière de pirate. Elle a accepté une amnistie offerte par le gouvernement chinois, qui lui a permis de garder une grande partie de ses richesses et de vivre une vie paisible par la suite. Après sa retraite, elle a géré une maison de jeu à Canton et a vécu jusqu'à un âge avancé, laissant derrière elle un héritage unique dans l'histoire des pirates.

Le parcours de Ching Shih est remarquable non seulement en raison de son ascension improbable en tant que pirate, mais aussi de sa capacité à diriger et à maintenir une discipline stricte au sein de sa flotte, ce qui en fait une figure historique fascinante et inspirante.

Hedy Lamarr : De l'Écran à la Science - L'Étoile aux Mille Facettes

Hedy Lamarr, née Hedwig Eva Maria Kiesler, est une femme remarquable dont la vie est marquée par une combinaison unique de succès dans le monde du cinéma et de contributions révolutionnaires à la science. Née en Autriche en 1914, elle a laissé une empreinte indélébile dans deux domaines très différents de l'histoire du XXe siècle.

Dès son plus jeune âge, Hedy Lamarr a montré un talent précoce pour la performance et la créativité. Elle a fait ses débuts au cinéma à l'âge de 17 ans dans le film autrichien "Geld auf der Straße" (1930) et a rapidement attiré l'attention des cinéastes hollywoodiens. En 1938, elle a signé un contrat avec le célèbre studio MGM à Hollywood, ce qui l'a propulsée vers la célébrité internationale.

Sous le nom de Hedy Lamarr, elle est devenue une icône du cinéma des années 1930 et 1940, avec des rôles mémorables dans des films comme "Extase" (1933) et "Boom Town" (1940). Sa beauté exotique et son talent d'actrice lui ont valu une place de choix dans l'industrie cinématographique.

Cependant, ce qui rend Hedy Lamarr encore plus remarquable, ce sont ses contributions à la science et à la technologie. Pendant la Seconde Guerre mondiale, elle a travaillé aux côtés du compositeur et inventeur George Antheil pour développer un système de communication sans fil destiné à guider les torpilles américaines. Leur invention, connue sous le nom de "saut de fréquence" ou "spread spectrum," était une avancée majeure dans la technologie des communications, et elle forme la base de nombreuses technologies sans fil modernes, y compris le Wi-Fi et le Bluetooth.

Malheureusement, à l'époque, leur invention n'a pas été largement reconnue ni utilisée par l'armée américaine. Ce n'est que des décennies plus tard, dans les années 1960, que la technologie a été redécouverte et mise en œuvre. Hedy Lamarr et George Antheil ont finalement reçu la reconnaissance qu'ils méritaient pour leur contribution essentielle à la technologie sans fil.

La vie et les réalisations de Hedy Lamarr sont un exemple exceptionnel de la manière dont une personne peut briller dans des domaines très différents. Elle était à la fois une icône de l'âge d'or d'Hollywood et une pionnière de la technologie moderne, laissant ainsi un héritage durable dans les mondes du cinéma et de la science.

Mariya Oktyabrskaya : De l'Épouse Dévouée à la Tankiste Intrépide

Mariya Oktyabrskaya est une figure héroïque de l'Union soviétique pendant la Seconde Guerre mondiale, dont la vie est marquée par un acte de courage extraordinaire en tant que tankiste.

Née en 1905 en Russie, Mariya Oktyabrskaya a vécu une vie relativement ordinaire jusqu'à ce que la guerre éclate en 1941. Son mari, un officier de l'armée soviétique, a été tué dans l'un des premiers affrontements avec les forces nazies. Profondément affectée par la mort de son mari, Mariya a décidé de prendre les armes en sa mémoire et de se battre pour la patrie.

Ce qui distingue Mariya Oktyabrskaya, c'est sa détermination à devenir tankiste, un rôle presque exclusivement réservé aux hommes à l'époque. Elle a vendu tous ses biens et a personnellement financé la construction d'un réservoir T-34, l'un des meilleurs de l'Armée rouge. Elle a également rédigé une lettre au gouvernement soviétique, demandant à être autorisée à combattre en tant que tankiste.

Finalement, son courage et sa détermination ont été récompensés. Elle a été acceptée dans l'unité de tankistes de l'Armée rouge et a rapidement prouvé ses compétences. Mariya Oktyabrskaya est devenue l'une des tankistes les plus redoutées sur le front de l'Est, participant à des batailles cruciales contre les forces allemandes.

Son moment le plus mémorable est survenu lors de la bataille de Smolensk en 1943, où son char a été gravement endommagé. Malgré cela, Mariya Oktyabrskaya a continué à se battre avec un autre char jusqu'à ce qu'elle soit blessée. Pour son courage exceptionnel, elle a été promue au grade de garde senior et a reçu la médaille de l'Ordre de la Gloire.

Tragiquement, Mariya Oktyabrskaya a été grièvement blessée au combat et est décédée en 1944. Cependant, son héritage en tant que tankiste intrépide et symbole de la détermination et du sacrifice pour la patrie perdure encore aujourd'hui en Russie. Elle est une figure emblématique de l'histoire de la Seconde Guerre mondiale et de la lutte de l'URSS contre l'invasion nazie.

Irena Sendler : La Héroïne de l'Holocauste Qui a Sauvé des Milliers de Vies

Irena Sendler, née en 1910 en Pologne, est une figure extraordinaire de la résistance pendant l'Holocauste. Son histoire est marquée par des actes héroïques de sauvetage d'enfants juifs du ghetto de Varsovie, un acte de courage et d'humanité qui a permis de préserver de nombreuses vies précieuses.

Au début de la Seconde Guerre mondiale, Irena Sendler travaillait comme assistante sociale à Varsovie. Elle a rapidement compris l'horreur de la situation lorsque les nazis ont établi le ghetto de Varsovie pour confiner la population juive. Témoin des terribles souffrances infligées aux Juifs, Irena Sendler a décidé de risquer sa propre vie pour les aider.

Avec l'aide d'un réseau de collègues et d'amis, Irena Sendler a mis en place un plan audacieux pour sauver des enfants juifs du ghetto. Elle a falsifié des documents d'identité, les a cachés dans des sacs, des caisses et des trams et les a fait sortir du ghetto sous divers prétextes. Une fois dehors, elle les a placés dans des familles d'accueil ou dans des institutions catholiques, leur offrant ainsi une chance de survie.

L'opération de sauvetage d'Irena Sendler a permis de sauver environ 2 500 enfants juifs. Elle a documenté les noms de chaque enfant dans des bocaux en verre, qu'elle a ensuite cachés sous un arbre, dans l'espoir de les réunir avec leurs familles après la guerre. Malheureusement, la plupart des parents de ces enfants n'ont pas survécu.

En 1943, Irena Sendler a été arrêtée par la Gestapo, torturée et condamnée à mort. Cependant, elle a été sauvée par des membres de la résistance polonaise et a continué à travailler pour la cause de la liberté. Après la guerre, elle a récupéré ses bocaux contenant les noms des enfants et a tenté de les localiser. Elle a réussi à réunir certains d'entre eux avec leurs familles survivantes ou à les placer dans des familles adoptives.

Irena Sendler est décédée en 2008, mais son héritage perdure en tant que symbole de la résistance et de la compassion humaine face à l'horreur de l'Holocauste. Son histoire est un rappel poignant de la capacité de l'individu à faire une différence positive dans le monde, même dans les moments les plus sombres de l'histoire.

Wangari Maathai : La Pionnière de l'Écologie et du Changement Social au Kenya

Wangari Maathai, née en 1940 au Kenya, est une figure emblématique de la lutte pour l'environnement et les droits des femmes. Son parcours de vie est marqué par sa détermination à protéger la nature tout en luttant pour l'autonomie et l'éducation des femmes dans son pays.

Wangari Maathai a obtenu une bourse pour étudier aux États-Unis, où elle a obtenu un baccalauréat en biologie. Elle est retournée au Kenya et a décroché un doctorat en anatomie végétale, devenant ainsi la première femme d'Afrique de l'Est à obtenir un doctorat.

Dans les années 1970, Wangari Maathai a été profondément préoccupée par la déforestation croissante au Kenya et ses impacts dévastateurs sur l'environnement et les communautés locales. Pour combattre cette menace, elle a fondé le Mouvement de la Ceinture Verte en 1977, une initiative visant à planter des millions d'arbres à travers le pays pour restaurer les écosystèmes, lutter contre l'érosion et promouvoir le développement durable.

Le Mouvement de la Ceinture Verte est devenu un immense succès, mobilisant des milliers de Kenyans pour planter des arbres et prendre soin de l'environnement. L'initiative de Wangari Maathai a également été un catalyseur du changement social, car elle a permis aux femmes rurales de gagner un revenu en plantant et en entretenant ces arbres, renforçant ainsi leur indépendance économique.

Wangari Maathai a été confrontée à de nombreux défis, y compris des arrestations et des intimidations, en raison de son engagement en faveur de l'environnement et de son militantisme en faveur des droits des femmes. Malgré cela, elle n'a jamais reculé et a continué à plaider pour un environnement sain et pour l'autonomisation des femmes.

En 2004, elle a été récompensée par le prix Nobel de la paix pour son travail remarquable en faveur de la démocratie, des droits de l'homme et de l'environnement. Wangari Maathai est décédée en 2011, mais son héritage perdure dans le monde entier en tant que défenseure passionnée de la nature et des droits des femmes, et en tant que source d'inspiration pour tous ceux qui luttent pour un avenir durable.

Jeanne Villepreux-Power : La Pionnière de l'Aquaculture et de la Biologie Marine

Jeanne Villepreux-Power, née en 1794 à Juillac, France, est une femme d'affaires et biologiste marine qui a joué un rôle pionnier dans le développement de l'aquaculture et de la compréhension des créatures marines. Son parcours est marqué par son esprit entrepreneurial et son dévouement à la recherche scientifique.

Jeanne Villepreux-Power a démarré sa carrière en tant que couturière, mais son intérêt pour la biologie marine l'a poussée à explorer les fonds marins. Elle a notamment inventé l'aquarium moderne en développant des boîtes en verre spéciales pour observer et étudier les organismes marins dans leur environnement naturel. Cette innovation a ouvert de nouvelles perspectives pour la recherche en biologie marine.

En plus de ses contributions à la biologie marine, Jeanne Villepreux-Power a également été une entrepreneure. Elle a fondé une entreprise d'aquaculture pour élever des coquillages, des poissons et des crustacés, anticipant ainsi les pratiques modernes de pisciculture. Son entreprise a été un succès commercial et a contribué à l'approvisionnement en fruits de mer frais dans la région.

Ses travaux en biologie marine ont également été significatifs. Elle est notamment connue pour sa découverte des organismes marins appelés "méduses à boîte" et pour avoir identifié le rôle des tentacules dans la capture de proies. Ses observations et ses recherches ont jeté les bases de la compréhension moderne des méduses et de leur écologie.

Bien que Jeanne Villepreux-Power soit moins célèbre que certaines autres femmes d'affaires et scientifiques de son époque, son héritage dans les domaines de l'aquaculture et de la biologie marine est incontestablement significatif. Elle incarne la capacité des femmes à réussir dans des domaines scientifiques et commerciaux, tout en contribuant à l'expansion des connaissances humaines sur le monde marin.

Grace Hopper : La Pionnière de l'Informatique et du Langage COBOL

Grace Hopper, née en 1906 aux États-Unis, est une figure emblématique de l'histoire de l'informatique et du développement du langage de programmation COBOL. Son parcours de vie est marqué par son engagement envers l'innovation technologique et son rôle majeur dans la révolution informatique.

Dès son plus jeune âge, Grace Hopper a montré un intérêt pour les mathématiques et les sciences. Elle a obtenu un baccalauréat en mathématiques en 1928 et a ensuite poursuivi ses études à l'université Yale, où elle a obtenu un doctorat en mathématiques en 1934. Elle est devenue l'une des premières femmes à obtenir un doctorat en mathématiques aux États-Unis.

Pendant la Seconde Guerre mondiale, Grace Hopper a rejoint la Marine américaine et a travaillé sur le calcul des trajectoires balistiques pour les projets d'armement. Elle a contribué à la création du premier ordinateur électromécanique, le Mark I, et a développé le premier compilateur, un programme qui traduit le code source en langage machine compréhensible par l'ordinateur. Son travail sur les langages de programmation allait révolutionner l'informatique.

Après la guerre, Grace Hopper a continué à jouer un rôle essentiel dans le développement de l'informatique. Elle a travaillé sur le langage de programmation Fortran, qui était le premier langage de programmation à haut niveau, facilitant ainsi la programmation sur ordinateurs. Plus tard, elle a été l'une des principales contributrices au développement du langage COBOL, qui est devenu un langage de programmation largement utilisé dans les applications commerciales et gouvernementales.

Outre ses réalisations techniques, Grace Hopper était également une ardente défenseure de l'égalité des sexes dans le domaine de l'informatique. Elle a contribué à ouvrir la voie aux femmes dans ce domaine et a inspiré de nombreuses générations de programmeurs et de programmeuses.

Grace Hopper est décédée en 1992, mais son héritage perdure en tant que pionnière de l'informatique et du développement de langages de programmation essentiels pour l'industrie informatique moderne. Elle est une source d'inspiration pour ceux qui poursuivent des carrières dans la technologie et une figure emblématique de la révolution informatique.

Jeanne Baret : L'Exploratrice Méconnue du 18e Siècle

Jeanne Baret est une femme exceptionnelle qui a brisé les conventions de son époque en se déguisant en homme pour participer à l'expédition historique autour du monde dirigée par Louis-Antoine de Bougainville au 18e siècle. Son récit de vie est marqué par son courage, sa détermination et son rôle peu connu dans l'histoire de l'exploration.

Née en France en 1740, Jeanne Baret était une passionnée de botanique et une assistante du célèbre botaniste Philibert Commerson. Lorsque Commerson a été choisi pour faire partie de l'expédition de Bougainville en 1766, Jeanne Baret l'a accompagné en se faisant passer pour un homme sous le nom de "Jean." Elle a vécu en tant qu'homme pendant toute l'expédition, bravant les dangers et les défis de la vie en mer et dans des terres inconnues.

Pendant le voyage autour du monde, Jeanne Baret a collecté de nombreuses plantes et échantillons botaniques, contribuant ainsi de manière significative à l'expansion des connaissances scientifiques sur la flore de diverses régions du globe. Elle a découvert de nombreuses nouvelles espèces de plantes, dont certaines portent encore son nom aujourd'hui.

L'expédition a duré près de trois ans, au cours desquels Jeanne Baret a fait preuve de résilience et de détermination, malgré les difficultés liées à sa véritable identité. À son retour en France, son rôle dans l'expédition a été découvert, et elle a reçu une reconnaissance tardive pour ses contributions à la science et à l'exploration.

Le parcours de Jeanne Baret est un témoignage de sa passion pour la botanique et son engagement envers la science, ainsi que de sa bravoure en tant que femme dans un monde dominé par les hommes à l'époque. Elle a ouvert la voie à de futures exploratrices et à toutes les femmes qui aspiraient à poursuivre leurs passions malgré les obstacles sociaux et culturels.

Madam C.J. Walker : De la Pauvreté à la Richesse, la Pionnière de la Beauté Noire

Madam C.J. Walker, née Sarah Breedlove en 1867 aux États-Unis, est une femme extraordinaire dont la vie est marquée par une incroyable ascension économique et une contribution significative à l'industrie de la beauté noire. Son parcours de vie est une histoire inspirante de détermination, d'entrepreneuriat et d'impact social.

Née dans une famille d'anciens esclaves, Madam C.J. Walker a grandi dans la pauvreté et a fait face à de nombreux défis, notamment la perte de ses parents à un jeune âge. Cependant, sa détermination à réussir ne l'a jamais quittée. Après avoir souffert de problèmes capillaires, elle a développé sa propre ligne de produits capillaires pour les cheveux afro-américains, mettant en avant l'idée de la beauté noire et de l'estime de soi.

Ce qui distingue Madam C.J. Walker, c'est qu'elle n'a pas seulement créé des produits capillaires, mais elle a également mis en place un réseau de vente directe pour les vendre. Elle a formé un grand nombre de femmes noires en tant qu'agentes de vente, leur offrant ainsi des opportunités économiques et d'indépendance financière à une époque où de telles opportunités étaient rares pour les femmes, en particulier pour les femmes noires.

Le succès de Madam C.J. Walker a été phénoménal. Elle est devenue la première femme noire millionnaire aux États-Unis grâce à son entreprise florissante. Son entreprise, la "Madam C.J. Walker Manufacturing Company," était l'une des premières entreprises dirigées par une femme noire à une telle échelle.

En plus de son succès commercial, Madam C.J. Walker était également une militante des droits civiques et une bienfaitrice. Elle a fait des dons importants à des causes sociales et a contribué à la lutte contre la discrimination raciale et l'injustice.

Madam C.J. Walker est décédée en 1919, mais son héritage perdure en tant que pionnière de l'industrie de la beauté noire, entrepreneure visionnaire et défenseure des droits des femmes et des Noirs. Son histoire est une source d'inspiration pour toutes les personnes aspirant à surmonter les obstacles et à réaliser leurs rêves.

Rani Padmini : La Légendaire Reine de Mewar

Rani Padmini est une figure emblématique de l'histoire de l'Inde, dont la vie est entourée de mystère et de légende. Son parcours est marqué par sa beauté légendaire, son courage et son rôle central lors du siège de Chittorgarh au 13e siècle.

Rani Padmini est née au 13e siècle en Inde et a épousé le roi Rawal Ratan Singh de Mewar. Sa beauté extraordinaire a suscité de nombreuses louanges et a attiré l'attention du sultan Alauddin Khilji, qui régnait sur le sultanat de Delhi. La légende raconte que le sultan est tombé éperdument amoureux de la reine après avoir entendu parler de sa beauté.

L'une des histoires les plus célèbres associées à Rani Padmini est celle du siège de Chittorgarh en 1303. Le sultan Alauddin Khilji a envahi Chittorgarh dans l'espoir de capturer la reine Padmini. Plutôt que de se rendre, la reine et les femmes du palais ont choisi de pratiquer le "Jauhar," un acte de suicide collectif pour échapper à la capture et à la honte.

Le Jauhar de Rani Padmini et des femmes de Chittorgarh est devenu un symbole de courage et de détermination face à l'adversité, et il est célébré dans la culture rajput comme un acte de sacrifice pour préserver l'honneur. La vie et la mort de Rani Padmini sont devenues une légende et ont inspiré de nombreuses œuvres littéraires et artistiques en Inde.

Bien que la véritable histoire de Rani Padmini puisse être sujette à débat en raison de la nature légendaire de sa vie, son rôle en tant que symbole de la beauté, du courage et de la résistance dans l'histoire de l'Inde est incontestable. Elle incarne la force et la détermination des femmes indiennes à travers les âges.

Qiu Jin : L'Égérie de l'Émancipation Féminine en Chine

Qiu Jin est une figure emblématique de l'histoire de la Chine, dont la vie est marquée par son engagement passionné en faveur de l'émancipation des femmes et de l'indépendance nationale au début du 20e siècle.

Née en 1875 dans une famille traditionnelle en Chine, Qiu Jin a rapidement remis en question les normes de genre et les contraintes sociales imposées aux femmes à l'époque. Elle a reçu une éducation exceptionnelle pour une femme de son époque, ce qui a renforcé son désir d'indépendance et d'égalité des sexes.

Qiu Jin est devenue une égérie du mouvement pour les droits des femmes en Chine. Elle a écrit des poèmes et des essais puissants plaidant en faveur de l'éducation des femmes, de l'égalité des sexes et de la libération des femmes de l'oppression. Elle a fondé la "Société pour la Restauration des Droits des Femmes" et a milité activement pour l'éducation des femmes et leur participation à la vie publique.

En plus de son engagement en faveur de l'émancipation des femmes, Qiu Jin a également soutenu les mouvements nationalistes chinois visant à mettre fin à l'impérialisme étranger et à renforcer l'indépendance nationale. Elle a participé à des activités clandestines pour soutenir ces mouvements, ce qui l'a finalement conduite à être arrêtée par les autorités impériales.

Tragiquement, Qiu Jin a été exécutée par décapitation en 1907 pour son rôle dans la lutte pour l'indépendance et les droits des femmes. Cependant, son héritage perdure en tant que symbole de la lutte pour l'égalité des sexes et de la quête de la justice sociale en Chine. Elle est honorée comme une héroïne nationale et une icône du féminisme chinois.

Hypatia d'Alexandrie : La Philosophe des Étoiles de l'Égypte Antique

Hypatia d'Alexandrie, née vers 360 après J.-C. en Égypte, est l'une des femmes les plus éminentes de l'Antiquité et une pionnière dans les domaines de la philosophie, des mathématiques et de l'astronomie. Son parcours exceptionnel est marqué par sa quête de savoir, sa contribution aux sciences et son rôle de figure intellectuelle majeure de son époque.

Hypatia était la fille de Théon d'Alexandrie, un mathématicien renommé et le dernier directeur de la célèbre Bibliothèque d'Alexandrie. Sous la tutelle de son père, elle a reçu une éducation exceptionnelle, apprenant les mathématiques, la philosophie, l'astronomie, et acquérant une vaste connaissance des œuvres antiques.

En tant qu'érudite, Hypatia est devenue une enseignante influente à Alexandrie, où elle a dirigé une école de philosophie néoplatonicienne. Sa réputation s'est rapidement étendue au-delà des frontières de la ville, attirant des étudiants du monde entier. Elle était connue pour sa sagesse, son érudition et sa capacité à transmettre des concepts complexes de manière claire et accessible.

Hypatia a écrit de nombreux ouvrages, mais la plupart de ses travaux ont été perdus au fil du temps. Cependant, elle est surtout connue pour ses commentaires et ses explications des œuvres de philosophes antiques, notamment celles de Platon et d'Aristote.

En plus de son enseignement et de ses écrits philosophiques, Hypatia a également contribué à l'astronomie en élaborant des tables astronomiques pour prédire les mouvements des étoiles et des planètes. Ses connaissances en mathématiques et en astronomie étaient très respectées.

Malheureusement, la vie d'Hypatia a été tragiquement interrompue en 415 après J.-C. lorsqu'elle a été victime de violences politiques et religieuses. En raison de ses croyances philosophiques païennes et de son statut de femme instruite, elle est devenue la cible de l'hostilité croissante entre les factions religieuses chrétiennes à Alexandrie. Elle a été tuée de manière brutale par une foule en colère.

Bien que sa vie se soit terminée de manière tragique, Hypatia d'Alexandrie demeure une icône de l'intellect, du courage et de la persévérance. Son héritage perdure dans l'histoire de la philosophie, des sciences et de l'éducation, et elle est reconnue comme l'une des femmes les plus influentes de l'Antiquité.

Sarojini Naidu : La Colombe de l'Inde, Poétesse et Dirigeante Éclairée

Sarojini Naidu, née en 1879 à Hyderabad, en Inde, était une figure multifacette remarquable de la lutte pour l'indépendance de l'Inde et une poétesse de renom. Son parcours de vie est marqué par son engagement politique, son talent littéraire et son rôle clé dans le mouvement pour les droits des femmes en Inde.

Sarojini Naidu a été surnommée la "Colombe de l'Inde" en raison de son éloquence, de son charisme et de son engagement indéfectible envers la cause de l'indépendance. Elle était une proche collaboratrice de Mahatma Gandhi et a joué un rôle essentiel dans la lutte pour la liberté de l'Inde contre la domination coloniale britannique.

En plus de son engagement politique, Sarojini Naidu était une poétesse talentueuse. Ses poèmes ont touché les cœurs de nombreux Indiens et ont servi de source d'inspiration pour la lutte pour l'indépendance. Ses vers étaient imprégnés de patriotisme et de l'amour pour sa patrie.

Sarojini Naidu était également une ardente défenseure des droits des femmes. Elle a milité pour l'éducation des femmes et leur participation active dans la vie publique. Elle est devenue la première femme à être élue présidente du Congrès national indien, un événement marquant dans l'histoire politique de l'Inde.

Après l'indépendance de l'Inde en 1947, Sarojini Naidu a été nommée gouverneure de l'Uttar Pradesh, devenant ainsi la première femme à occuper une telle fonction en Inde. Elle a continué à œuvrer pour le bien-être social et la promotion de la culture et des arts.

Sarojini Naidu est décédée en 1949, mais son héritage perdure en tant que symbole de l'indépendance de l'Inde, de la lutte pour les droits des femmes et de la puissance de la poésie pour inspirer le changement social et politique. Elle reste une figure emblématique de l'histoire de l'Inde et une source d'inspiration pour les générations futures.

Amelia Earhart : La Pionnière des Cieux et de l'Émancipation Féminine

Amelia Earhart, née en 1897 à Atchison, Kansas, aux États-Unis, est une légende de l'aviation dont la vie est marquée par son audace, son courage et sa contribution à l'évolution de l'aviation au 20e siècle.

Amelia Earhart est devenue célèbre en tant que pionnière de l'aviation, étant l'une des premières femmes à obtenir une licence de pilote. Son amour pour l'aviation a commencé lorsqu'elle a assisté à un spectacle aérien en 1920, et elle a décidé de poursuivre son rêve de voler.

En 1928, Amelia Earhart est devenue la première femme à traverser l'océan Atlantique en avion en tant que passagère, marquant ainsi une étape importante dans l'histoire de l'aviation. Cependant, elle ne se contentait pas de voyager comme simple passagère. En 1932, elle a réalisé un exploit solo encore plus impressionnant en devenant la première femme à traverser l'Atlantique en solitaire.

Son ambition ne s'est pas arrêtée là. En 1937, Amelia Earhart a entrepris un vol autour du monde, un voyage audacieux qui a attiré l'attention du monde entier. Malheureusement, son avion a disparu dans le Pacifique et n'a jamais été retrouvé, faisant d'elle l'une des plus grandes énigmes de l'histoire de l'aviation.

Outre ses réalisations en aviation, Amelia Earhart était une défenseure de l'égalité des sexes. Elle a encouragé les femmes à poursuivre leurs passions, y compris dans des domaines traditionnellement réservés aux hommes. Elle a également été une avocate des droits des femmes et a contribué à ouvrir la voie à de nombreuses autres femmes dans le domaine de l'aviation.

Amelia Earhart est un symbole de courage, de détermination et de l'exploration infinie des horizons. Sa disparition tragique n'a pas diminué l'impact de sa vie sur l'aviation et l'émancipation féminine, et elle continue d'inspirer des générations de personnes à suivre leurs rêves et à repousser les limites de l'exploration.

Ada Lovelace : La Visionnaire de l'Informatique et la Première Programmeuse

Ada Lovelace, née Augusta Ada Byron en 1815 à Londres, au Royaume-Uni, est une figure emblématique de l'histoire de l'informatique et de la programmation. Son parcours de vie est marqué par sa contribution fondamentale au développement de la première machine à calculer et de son algorithme, qui est considéré comme le premier programme informatique au monde.

Ada Lovelace était la fille du célèbre poète Lord Byron, mais elle s'est éloignée de la littérature pour se consacrer aux mathématiques et à la science. Elle a travaillé en étroite collaboration avec le mathématicien britannique Charles Babbage, l'inventeur de la "Machine analytique," une conception précurseur de l'ordinateur moderne.

La contribution la plus célèbre d'Ada Lovelace à l'informatique est la traduction d'un article écrit par l'ingénieur italien Luigi Federico Menabrea sur la machine analytique de Babbage. Dans ses notes, elle a ajouté des commentaires et des annotations, dont un algorithme destiné à être exécuté sur la machine analytique. Cet algorithme est aujourd'hui considéré comme le premier programme informatique jamais écrit.

Ada Lovelace a compris que la machine de Babbage ne serait pas simplement un dispositif de calcul, mais aussi un outil pour traiter des informations et créer des œuvres artistiques. Elle a anticipé des concepts clés de l'informatique moderne, tels que la programmation et la capacité des ordinateurs à traiter des symboles, pas seulement des nombres.

Bien que la machine analytique de Babbage n'ait jamais été construite de son vivant, les idées d'Ada Lovelace ont jeté les bases de l'informatique moderne. De nos jours, elle est honorée chaque année lors de la "Journée Ada Lovelace" pour célébrer son rôle pionnier dans le développement de la programmation informatique.

Ada Lovelace est une icône de l'informatique et de la science, et son héritage perdure dans le monde de la technologie en tant que source d'inspiration pour les générations futures de programmeurs et de programmeuses.

Germaine Tillion : L'Ethnologue Humaniste et Résistante Silencieuse

Germaine Tillion, née en 1907 à Allègre, France, était une ethnologue, une résistante pendant la Seconde Guerre mondiale, et une humaniste engagée dans la justice sociale. Bien que moins célèbre que certaines de ses contemporaines, son parcours est marqué par sa détermination à comprendre les cultures humaines et à défendre les droits de l'homme.

Germaine Tillion a consacré une grande partie de sa vie à l'étude des sociétés et des cultures. Elle a mené des recherches approfondies en Algérie, notamment sur la société berbère. Ses travaux ethnographiques ont contribué à une meilleure compréhension des peuples d'Afrique du Nord.

Pendant la Seconde Guerre mondiale, Germaine Tillion s'est engagée dans la Résistance française contre l'occupation nazie. Elle a joué un rôle essentiel dans l'organisation et la diffusion de renseignements stratégiques. En 1942, elle a été arrêtée par la Gestapo et déportée au camp de concentration de Ravensbrück. Malgré les conditions inhumaines, elle a continué à témoigner des atrocités qu'elle a vues et à maintenir un semblant de dignité humaine.

Après la guerre, Germaine Tillion a continué à s'impliquer dans des causes humanitaires et de justice sociale. Elle a notamment été une voix en faveur de la décolonisation et de l'égalité des droits. Son engagement pour la tolérance et la compréhension entre les cultures reste d'actualité de nos jours.

Germaine Tillion a reçu plusieurs distinctions pour son travail, notamment la Légion d'honneur française et le Prix de l'UNESCO pour l'éducation des droits de l'homme. Elle est une figure moins connue du grand public, mais son dévouement à la recherche, à la résistance et à la justice sociale est incontestablement louable et mérite d'être mieux reconnu.

Mary Kingsley : L'Exploratrice des Contrées Inexplorées de l'Afrique

Mary Kingsley, née en 1862 à Londres, est une exploratrice britannique qui a bravé les territoires inexplorés de l'Afrique de l'Ouest au tournant du 20e siècle. Son parcours est marqué par son audace, sa passion pour l'exploration et sa contribution significative à la connaissance de la géographie et de la culture africaines.

Mary Kingsley est issue d'une famille de classe moyenne supérieure, mais elle a choisi de vivre une vie d'indépendance et d'aventure. À une époque où les femmes étaient souvent limitées dans leurs opportunités d'exploration, elle a entrepris des voyages en solitaire à travers l'Afrique de l'Ouest.

Elle a commencé ses explorations en tant qu'anthropologue amateur, collectant des spécimens de poissons pour le British Museum. Cependant, au fil du temps, elle est devenue une exploratrice chevronnée, cartographiant des zones inconnues, gravissant des montagnes et traversant des régions réputées dangereuses.

Mary Kingsley est surtout connue pour ses écrits, notamment le livre "Travels in West Africa" (Voyages en Afrique de l'Ouest), dans lequel elle a partagé ses observations sur la culture, la société et la faune africaines. Ses écrits ont contribué à élargir la compréhension occidentale de l'Afrique à une époque où de nombreuses idées préconçues persistaient.

Elle était également une fervente défenseure des droits des peuples autochtones africains et de la préservation de leur culture face à la colonisation européenne. Son œuvre a laissé une empreinte durable dans le domaine de l'exploration et continue d'inspirer les explorateurs et les anthropologues modernes. Mary Kingsley incarne la passion et le dévouement pour l'exploration, ainsi que la capacité des femmes à repousser les limites de leur époque pour poursuivre leurs passions.

Conclusion

À travers les pages de ce livre, nous avons eu l'honneur de vous présenter les récits de dix femmes extraordinaires venues d'horizons divers, de pays lointains et d'époques différentes. Leurs histoires témoignent de la force de la volonté, de la résilience face à l'adversité et de la puissance de la détermination.

Ces femmes inspirantes ont brillé dans des domaines variés, de l'exploration à la science, de l'art à la politique, de l'activisme à l'entrepreneuriat. Elles ont démontré que les frontières imposées par la société n'avaient aucune emprise sur la détermination humaine. Elles ont repoussé les limites, défié les attentes et ouvert de nouvelles voies pour les générations futures.

Leur héritage est bien plus qu'une simple inspiration. Il s'agit d'un rappel puissant que chaque individu, peu importe son genre, son origine ou ses circonstances, détient en lui le potentiel de réaliser des choses extraordinaires. Ces femmes ont prouvé que le monde n'a pas besoin de conformité, mais d'audace, de créativité et de vision.

Alors que nous clôturons ce livre, nous espérons que les récits de ces femmes exceptionnelles continueront à résonner dans vos cœurs et à alimenter votre propre détermination. Puissiez-vous trouver l'inspiration pour poursuivre vos rêves les plus audacieux, pour briser les barrières qui vous entourent et pour contribuer à un avenir plus équitable, plus juste et plus lumineux pour tous.

N'oublions jamais que l'inspiration est contagieuse. Partagez ces histoires, parlez de ces femmes extraordinaires et encouragez d'autres à rêver en grand. Ensemble, nous pouvons bâtir un monde où chaque femme et chaque jeune fille peut se réaliser pleinement, où le potentiel humain est libéré de toute entrave et où chaque histoire devient une source d'inspiration pour le changement.

Que ces portraits de femmes extraordinaires restent gravés dans votre esprit, prêts à vous rappeler que vous aussi, vous êtes capable d'accomplir l'inimaginable. Car l'inspiration est le carburant de la réalisation, et nous sommes tous capables de briller d'une lumière extraordinaire.